DISCOURS
SUR LA PEINTURE
ET
SUR L'ARCHITECTURE;
DÉDIÉ
A MADAME
DE POMPADOUR,
DAME DU PALAIS DE LA REINE.

DEUX PARTIES.

A PARIS,
Chez PRAULT pere, Quay de Gêvres,
au Paradis.

M. DCC. LVIII.
Avec Approbation & Privilége du Roy.

ÉPITRE

A MADAME
DE POMPADOUR,
DAME DU PALAIS DE LA REINE.

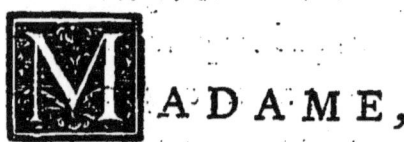ADAME,

Vous aimez les Arts, vous les cultivez par goût & vous les protegez avec connoissance, c'est ainsi que vous préparez ce haut dégré de perfection auquel ils sont si près d'atteindre ; vous estimez les Grands Hommes, dont les talens supérieurs concourent à fixer une si belle époque, & l'estime dont vous les honorez, est un prix qu'il est du devoir de leurs Eléves d'ambitionner.

Ces beaux Arts, dont le charme & les graces font une partie de vos amusemens, la Peinture & l'Architecture, ont été l'objet de mes réfléxions. J'ose, MADAME, vous en présenter l'essai. J'avoue qu'à mon âge, on n'est éclairé que par le sentiment & qu'on n'est guidé que par l'émulation ; je sçais que la solidité & la profondeur sont réservées à la seule expérience, qui ne peut être que le fruit des années ; mais ce sont autant de motifs de confiance pour moi. J'espére que vous recevrez, avec bonté, cette marque du zéle & du respect, avec lesquels je suis,

MADAME,

Votre très-humble
& très-obéissant
Serviteur,
DU PERRON.

PRÉFACE.

LE Public est presque toujours trop flatté ou trop peu ménagé; c'est un Juge dont on veut corrompre l'équité ou dont on méprise les arrêts.

J'ai lû des Préfaces que la bassesse avoit dictées, j'en ai lû qui ne respiroient que la rudesse & que l'esprit d'indépendance.

J'ai vû des Auteurs assez foibles pour tomber aux pieds des Lecteurs & pour mandier leurs suffrages; j'en ai vû d'assez fermes pour paroître insensibles à tous les applaudissemens & d'assez présomptueux pour défier la critique la plus sévére: peu se montrent assez sages pour éviter l'une & l'autre extrémité. Pour moi, je l'avoue, je suis trop Philosophe pour imiter les premiers, & je le suis trop peu pour agir comme les seconds. Je ne demande point de protection pour mon Ouvrage, s'il est passable on ne le négligera pas : je serai content, s'il est judicieusement critiqué. Je desire des éloges, mais je ne les demande pas, je les veux mériter. J'ai pour maxime de respecter le Public sans le craindre, j'aspire uniquement à lui plaire; ai-je réussi ? J'en doute : au reste, j'ai dit dans ce Discours plusieurs choses incontestablement vraies, celles-là ne pourront pas déplaire, car en matiere de beaux Arts, la vérité n'a rien d'offensant; j'en ai dit quelques-unes d'arbitraires, mais je change d'avis, si l'on me montre que je me suis trompé; je puis même promettre que je ne serai pas difficile à convaincre, si l'on m'offre des raisons:

PRÉFACE.

Mon style va décéler mon peu d'expérience ; on trouvera sans doute ma diction sans nerf, mais je réponds qu'il est plus facile, d'appercevoir des défauts que de les réformer. Nos meilleurs Auteurs ont commencé de bonne heure leur carriére, que l'on compare leurs premieres productions, enfans de leur imagination, avec celles qui ont été le fruit de l'habitude; quelle différence ne s'offre point ! A vingt ans ils ont recherché les Peintures brillantes, les jeux de mots & de pensées, & toutes les fleurs de l'élocution : dans un âge plus mûr, ils ont mis plus de grandeur dans leurs idées, plus de noblesse dans leurs images, plus de force dans leurs expressions. Que ne puis-je espérer d'imiter ces grands Modéles dans leurs progrès ! Mais des talens si précieux ne sont pas le partage de tous les hommes ; si l'envie de se distinguer,

& la paffion la plus décidée pour la gloire, étoient toujours fuivies d'un heureux fuccès, je pourrois me flatter de voir bien-tôt cette nuit fe changer en un beau jour : maintenant mon feul mérite confifte dans le defir d'en acquérir : quel bonheur pour moi, fi quelque réuffite couronne un jour mes fouhaits ! Alors je pourrai joüir du plaifir le plus flatteur que puiffe goûter un Citoyen, en fervant ma Patrie.

DISCOURS

DISCOURS
SUR LA PEINTURE
ET
SUR L'ARCHITECTURE.

PREMIERE PARTIE.
Abregé historique de la PEINTURE & de l'ARCHITECTURE.

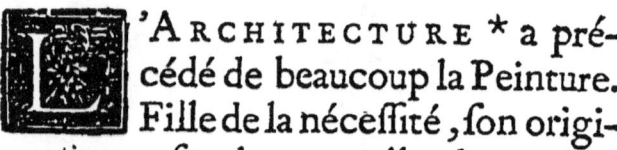'ARCHITECTURE * a précédé de beaucoup la Peinture. Fille de la nécessité, son origine se confond avec celle du monde

---

* Si l'on veut avoir un détail plus circonstancié de l'origine de l'Architecture, on peut ouvrir le nouvel Essai qui a fait tant de bruit. Cet Ouvrage est écrit avec grace, l'Auteur (*a*) par la parure & par les charmes d'un style délicat, a sçu rendre intéressant un Art que les François regardoient avec trop d'indifférence.

(*a*) M. l'Abbé Logier.

A

& se perd dans la nuit des temps. Sa naissance a dû suivre de près celle des premiers Habitans de la Terre. En effet, l'homme nud, ou legérement couvert de quelques vétemens qui n'étoient pas les siens, se vit exposé à l'inclémence des élémens. L'air fut un ennemi invisible qui l'attaqua sans cesse. Sa sensibilité, en lui procurant quelques plaisirs, ne lui laissa pas ignorer la douleur. Ses organes furent autant de portes ouvertes par où elle entra chez lui. Les bêtes féroces méconnurent souvent leur Souverain & lui firent la guerre. Ce Roi ne trouva presque toujours dans les autres animaux que des sujets rebelles, qui briserent son sceptre & foulerent à leurs pieds son trône. Dans cette position critique, son industrie le secourut. L'Architecture vint s'offrir à lui, elle donna des forces à sa foiblesse ; le dirai-je ! A la honte de l'humanité, elle défendit les hommes contre les hommes ; comme eux, elle étoit sans régles, sans loix & sans principes ; informe dans ses commencemens, enveloppée de nuages, elle marcha long-tems dans le silence & dans l'obscurité, long-tems ses pas furent timides & incertains, plus d'une fois éloignée de son midi, elle se vit à son couchant.

La maniere de bâtir des Prédiluviens nous est totalement inconnue. Le Déluge en noyant l'espéce humaine, n'a laissé à sa postérité aucun vestige de ses Arts, il les a plongés entierement dans le néant. L'Architecture recommença donc une nouvelle enfance, avec elle commença aussi l'usage de tracer des figures par le moyen des couleurs.

L'Histoire nous parle d'un monument que construisit avant de se disperser la famille trop nombreuse de Noë. Cette Tour de Babel, ce vrai monstre, cet ouvrage de tant de mains, n'offrit que de la confusion & du désordre. Cependant l'art de bâtir sembloit peu à peu prendre quelque forme & faire, quoiqu'avec lenteur, quelques progrès. A mesure que les peuples se polissoient, que l'esprit de l'homme s'élevoit & ajoutoit à ses connoissances des connoissances nouvelles, les beaux Arts prenoient le même vol & fructifioient dans différens païs; mais ou ces fruits dégénererent ou ils périrent avant leur maturité. Cette Babylone si réputée pour ses murailles & ses jardins suspendus que fit faire Sémiramis, n'eut rien que n'égalât ou même ne surpassât l'Egypte. Cette heureuse contrée qu'arrose & fertilise le Nil, est le vrai berceau des Arts & des Sciences, ils y furent en honneur, mais ne parvinrent cependant pas à la perfection où depuis les a portés l'industrieuse Gréce.

Peu sensibles au goût & à la délicatesse, les Egyptiens sembloient vouloir ne s'immortaliser que par la grandeur de leurs projets. On ne voyoit chez eux que des Bâtimens & des Peintures, enfans du caprice & du hazard. Ils bâtissoient & peignoient, mais sans l'ordre, sans la justesse, sans la précision qui caractériserent les Grecs. Les

DISCOURS.

Peintures des Egyptiens, telles qu'on les voit par leurs hiéroglyphes, leurs édifices, tels que nous les représentent encore leurs immenses pyramides paroissoient destinés à donner aux peuples voisins une idée de la grandeur & de la puissance de l'Egypte; en un mot les Egyptiens que nous vantons tant, que nous sommes si souvent tentés de regarder comme nos modéles, furent plus entreprenans qu'habiles, plus artisans qu'artistes. Cependant il faut l'avouer, ils ont eu la gloire d'instruire les autres Nations, ils formerent les Grecs, mais les éleves laisserent leurs maîtres bien loin derriere eux. Revenu de sa captivité, le peuple chéri porta dans la Judée les Arts qu'ils lui communiquerent, cette superbe Jérusalem leur doit tout le lustre qu'elle eut, & cet auguste Temple, dont la dédicace faite par Salomon, fut accompagnée de tant de pompe, quoique construit par les mains des Juifs, n'en étoit pas moins l'ouvrage des Egyptiens. Enfin du sein de l'Egypte est parti cet éclair qui chaffa les ténébres d'Athénes, & produifit cette vive lumiére qui parut dans toute fa force & dans tout fon éclat, fous les gouvernemens des Thémiftocles, des Cimons & des Péricles. Tems à jamais mémorables où après les glorieufes journées de Marathon, de Salamine & de Platée, l'on vit éclôre le germe des divers talens, par la protection finguliére que leur voüerent tour-à-tour ces grands hommes.

 Aléxandre régnoit. Ce Prince né pour être alternativement le fléau & le bienfaicteur des Arts, réuniffoit des paffions, qui d'ordinaire s'excluent. Il bâtiffoit Aléxandrie, lorfqu'il renverfoit les murs de Tyr; d'une main il égorgeoit les Perfes & les Indiens, & de l'autre il careffoit les Artiftes. Appelle * ce Peintre fi fameux avoit toute fa faveur, feul il jouiffoit du

* » *Edicto vetuit, ne quis fe præter Apellem,*
» *Pingeret, aut alius Lyfippo duceret æra*
» *Fortis Alexandri vultum fimulantia....*
     Horace, Epît. 1. Liv. II.

privilége d'animer la toile de ses traits. Lysippe avoit le droit exclusif de le représenter en bronze. La Macédoine gouvernée par ce Conquérant florissoit & les autres Villes de la Gréce brilloient de toutes parts par les Chef-d'œuvres qu'elles receloient. Alors parurent avec les trois ordres, le Dessein & le Coloris, & les colonnes Corinthiennes par leur élégance & par leur richesse, servirent de concert, avec ce que la Peinture a de plus majestueux, à décorer les Palais des Souverains, à embellir les Temples élevés en l'honneur des Dieux. Ceux de Delphes & d'Ephése, offrirent ces deux Arts dans toute leur splendeur.

Soyez toujours présent à notre mémoire, soyez à jamais célébré dans nos Fastes, âge heureux de la Gréce ! Si la France maintenant compte quelques Artistes dont elle s'honore, la France vous les doit, vous n'avez préparé la gloire de l'Italie que pour faire la nôtre, c'est un dépôt qu'elle nous a transfmis avec fidélité, vous découvrez encore à nos Peintres & à nos Sculpteurs les myſtéres de leur Art, & nos Architectes ne croyent mériter des éloges qu'en tâchant de vous imiter. Age heureux de la Gréce, vous avez poli les vertus farouches de nos ancêtres & notre Nation vous eſt redevable de cette aménité qui la rend ſi délicate & ſi aimable.

Le flambeau qui porta le jour à Rome & qui nous éclaire, ne brilloit alors que dans la ſeule Gréce. Le reſte de la Terre avoit les yeux fermés & laiſſoit incultes les Arts même les plus néceſſaires & les plus indiſpenſables. La barbarie régnoit impérieuſement, elle enchaînoit les autres hommes. Tout rampoit aſſervi à ſes loix capricieuſes.

Je vous excepte ſeul, peuple * ſa-

* Long-temps avant les Grecs & les Romains, la Juſtice gouvernoit les Chinois. Chez eux le droit de la naiſſance, (droit ſi injuſte & ſi déraiſonnable) le cédoit au mérite. Les Sçavans étoient accueillis, les Artiſtes jouiſſoient de la plus grande conſidération, & les lettrés poſſedoient les premieres digni-

ge & constant, qui avez fondé un si vaste & si puissant empire aux extrémités de l'Orient. Chez vous les Arts ne connoissent point de commencement, chez vous ils n'ont point été sujets aux révolutions qu'ils ont éprouvés dans l'Europe, vous les avez connus & chéris avant elle, & lorsqu'elle les a cultivés, vous avez balancé ses succès & vous lui avez toujours disputé l'honneur de la réussite.

Les Romains depuis si jaloux des productions de l'esprit, si amoureux de ces Arts purement agréables, qui remuent le cœur avec tant d'empire & flattent les sens avec tant de douceur ; les Romains * alors languissoient

---

tés de l'Empire. Ils les possedent encore, & l'on ne croit pas à Pékin que les talens soient incompatibles avec l'administration publique.

* » *Excudent alii spirantia mollius æra :*
 » *Credo equidem, vivos ducent de marmore vultus*
 . . . .
 . . . .
 » *Tu regere imperio populos, Romane, memento*
 » *(Hæ tibi erunt artes) pacisque imponere morem ;*
 » *Parcere subjectis, & debellare superbos.*

D'autres peuples plus industrieux feront respirer

& ne connoiſſoient d'autre gloire que celle qui s'acquiert les armes à la main, & d'autre plaiſir que le plaiſir inhumain de voir couler le ſang. Nés ambitieux, ils aſpiroient à la Monarchie univerſelle & ne ſongeoient qu'à cueillir les fruits que leur préſentoit ſans ceſſe la victoire. Guidés par le ſeul zéle du patriotiſme, ennyvrés de la ſeule poſſeſſion de cette renommée, qui eſt le prix des exploits militaires, ils ne penſoient qu'à ceindre leurs fronts de lauriers enſanglantés. Tant qu'ils eurent leurs Rois, ils négligerent les Arts, qui ne produiſirent des fleurs que vers la fin de la République ; encore dédaignerent-ils de s'y appliquer, & ſi l'on vit chez eux des ouvrages d'une belle exécution, ils en eurent l'obligation à des Artiſtes qu'ils appelloient de la

---

l'airain, & ſçauront animer le marbre : . . . .
. . . .
pour toi, Romain, ſonge à ſubjuguer & à régir les Nations. C'eſt à toi de faire la guerre & la paix ; de pardonner aux peuples ſoumis, & de dompter ceux qui te réſiſtent. Tels ſont les Arts qui te ſont réſervés.
Virg. Eneid. Liv. 6.

Gréce, ou à leurs Esclaves qu'ils faisoient travailler. On encourageoit ces derniers, par la promesse de les faire libres s'ils triomphoient de tous les obstacles. Ce penchant si invincible qu'inspire la nature pour la liberté, leur élevoit le courage; l'espérance de sortir d'esclavage leur faisoit faire des efforts victorieux. Devenus citoyens à leur tour, ces nouveaux affranchis, donnerent à l'inclination ce que l'intérêt exigeoit d'eux auparavant.

Ce fut le temps que la jeunesse Romaine alla étudier à Athênes, retournée dans sa patrie, elle y apporta des trésors jusqu'alors inconnus, & de ces richesses qui se partagent sans rien perdre & se communiquent sans s'affoiblir. L'esprit des beaux Arts devint peu à peu l'esprit de Rome, la tendre humanité vint habiter ses murs & le commerce * de la Gréce la fit sortir insensiblement de cet état barbare où

---

* » *Græcia capta ferum victorem cepit, & artes*
  » *Intulit agresti Latio.* . . . .
  Horace, Ép. 1. Liv. 11.

depuis long-temps elle étoit plongée; & dont elle sembloit ne devoir jamais se relever. Mais dès-que l'Asie fut soumise, des mœurs douces & tranquilles, succéderent à une vie agitée & remplie de troubles. L'aveugle férocité fit place au vrai courage, & l'on vit les Romains, échauffés d'une plus noble ambition, s'efforcer de devenir les rivaux des Grecs, chercher même à les surpasser. Ils firent en effet de nouvelles découvertes ; l'Architecture ne fut plus limitée aux ordres Dorique *,

* L'ordre Dorique est le plus proportionné selon la Nature.

On en attribue l'invention aux Doriens, peuples de la Gréce.

La colonne Dorique ne doit avoir aucun ornement sur sa base, ni dans son chapiteau, quelquefois même elle n'a point de base, comme on peut le voir au Temple de Marcellus à Rome. Sa hauteur est de huit diamétres; cet ordre est majestueux & solide, & ne doit s'employer que dans les grands Bâtimens. L'entablement en est plus massif que celui d'aucun autre. Sa corniche n'admet point de feuillages ni d'autres ornemens trop recherchés. Si l'on y met des modillons, il faut qu'ils soient quarrés & unis. La Frise a pour ornement des trigliphes, les métopes qui sont les espaces contenus entre les trigliphes, doivent être exactement quarrés. L'architrave n'a aussi que des ornemens simples, ou plûtôt elle n'en a

Ionique & Corinthien; le Toscan &
qu'un seul qui lui est particulier: ce sont des espéces
de gouttes qui pendent des tриглиphes, & qui sem-
blent y être attachés.

Cet ordre est extrêmement difficile à accoupler.
Le fût de la colonne est quelquefois cannelé, comme
on le voit au Portail de S. Gervais, quelquefois bos-
sagé, comme au Luxembourg, & souvent uni comme au Palais Royal à Paris.

L'ordre Ionique tire son nom de l'Ionie, Provin-
ce soumise aux Athéniens, qui passent pour les inventeurs de cet ordre; c'est pour cette raison qu'on
l'appelle aussi ordre Attique.

Il est un peu plus composé que le Dorique, & il
tient le milieu entre cet ordre & l'ordre Corinthien.
La colonne Ionique a de hauteur neuf de ses diamétres. Ce qui distingue particuliérement l'ordre Ionique, c'est qu'il a des volutes ou cornes de Bélier à
son chapiteau, & que le fût de ses colonnes est ordinairement cannelé. Elles ont communément vingt-
quatre cannelures, quelquefois ces cannelures sont
mêlées de baguettes ou bâtons ronds au bas de la colonne, à la différence du haut, qui est strié & cannelé en creux, sans autre ornement. Sa corniche a des
denticules. Quelques gens croyent que les proportions de la colonne Ionique, sont prises sur celles du
corps des femmes, les proportions de la colonne Dorique, sur celles du corps des hommes, & les proportions de la colonne Corinthienne, sur celles du corps
des filles.

L'ordre Corinthien inventé par Callimachus,
Sculpteur Grec, est le plus riche, le plus élégant &
le plus délicat de tous. Sa colonne a dix diamétres
de hauteur; son chapiteau a d'ordinaire deux rangs

le Composite furent employés pour la de feuilles & huit volutes; sa corniche est ornée de modillons : au reste, l'ordre Corinthien n'a point d'ordonnance propre pour sa corniche, pour son chapiteau ni pour sa frise. Il prend ses modillons des trigliphes du Dorique, & il tient de l'Ionique, la sculpture & les ornemens de sa frise & de sa corniche. Ce qui le distingue essentiellement des autres ordres, c'est la hauteur de sa colonne, qui, comme je l'ai dit, a dix diamétres, & le double rang de feuilles de Palmier ou d'Acanthe qui ornent son chapiteau.

Cet ordre a souffert dans tous les temps de grands changemens & de grandes variations.

Entre plusieurs Édifices antiques de l'ordre Corinthien, les plus considérables, furent le Temple de Jupiter Olimpien, à Athênes : le Temple de Venus, dans l'Isle de Chypre : celui de Minerve, en Arcadie : le Panthéon, le Temple de la Paix : celui du Soleil, près du Tybre : la Basilique d'Antonin : les trois Colonnes qui restent du Temple de Jupiter tonnant : les deux autres du haut du Colisée : l'Arc de Constantin, & quelques autres qu'on voit à Rome & en d'autres lieux.

L'ordre Toscan est le plus simple de tous les ordres d'Architecture.

Les colonnes Toscanes avec leur base & leur chapiteau, ont de hauteur sept diamétres de leur grosseur, prise par en bas : le haut, ainsi qu'aux autres ordres, doit être diminué d'un quart de son diamétre. Le piédestal est aussi simple que la colonne. La base a un demi diamétre de haut.

L'ordre Toscan fut inventé dans la Toscane. Ces peuples extrêmement jaloux de leur liberté, d'ailleurs ennemis déclarés des Grecs, imaginerent un genre de bâtir différent de celui de cette Nation. Les Tos-

premiere fois. La Peinture connut auſſi cans ont toujours eu dans leurs Bâtimens une maniere ſimple & ſolide, que les Romains ont imitée dans certains genres d'Édifices où elle étoit convenable, comme à un Pont antique de Rome, au lieu de la ſépulture d'Adrien, aujourd'hui le Château Saint-Ange, au Temple d'Antonin & de Fauſtine, à la porte majeure, à celle de S. Laurent hors des murs, & à pluſieurs autres Edifices, ſoit dans Rome, ſoit en d'autres Villes, tels que le Pont de Rimini ſur le Rubicon, & les deux de Vicene ſur les Fleuves Reſtone & Bacchiglione, outre le grand Amphithéâtre de Reſtone, & pluſieurs autres.

L'ordre Toſcan n'eſt guéres d'uſage que dans les Bâtimens ruſtiques ou dans les Edifices qui demandent une extrême ſolidité, comme les Portes de Villes de guerre, les Orangeries, les Fontaines, &c...

L'ordre Compoſite eſt ainſi appellé, parce qu'il eſt un compoſé de l'Ionique & du Corinthien, dont il raſſemble les ornemens. Sa colonne a pour hauteur dix de ſes diamétres. Son chapiteau eſt orné de deux rangs de feuilles, comme la colonne Corinthienne & de volutes angulaires, comme l'Ionique.

L'ordre Compoſite ſe met ordinairement & mal à propos ſur le Corinthien. La premiere loi de l'Architecture eſt celle de la ſolidité : c'eſt violer ouvertement cette loi, que de faire porter le plus fort par le foible, mais l'uſage le veut ainſi, & l'uſage eſt un tyran, dont perſonne n'oſe ſecouer le joug. Il ſeroit mieux, pour couronner l'Edifice, de faire choix de l'un de ces deux ordres, qu'on éleveroit ſur l'Ionique, qui ſeroit porté à ſon tour par le Dorique & ainſi par gradation, comme Desbroſſe l'a pratiqué au Portail de l'Egliſe de S. Gervais à Paris.

Les Romains ſont les inventeurs de cet ordre, que l'on nomme auſſi pour cette raiſon, ordre Romain.

Diction. de l'ein. & d'Architect.

de nouvelles beautés. Ce fut sous le second des Césars que ces deux Arts se firent voir revêtus de toutes leurs graces, parés de tous leurs charmes. Mécène dont le nom vivra tant qu'ils seront honorés, Mécène cet illustre protecteur des Talens, leur prêta son appui & favorisa de toutes ses forces leur progrès. Ils ne naissent, ne croissent, ne fleurissent qu'auprès du Trône. De tout temps les Souverains ont fait leur destinée. D'un coup d'œil, ils les élévent ou leur portent un coup mortel. Auguste les accueillit, les aima, rendit aux Arts leur premier lustre, décora le Capitole & éléva ces magnifiques Monumens, qui nous frappent encore d'admiration & dont les restes précieux ont encore pour les connoisseurs de nouveaux attraits.

Rome, dont le destin étoit de tout dompter & de faire respecter par-tout ses Loix, Rome déploya ses étendarts dans la Grèce & la mit au rang de ses Provinces. Les dépoüilles d'Athênes, de Thodes, de Sicyone & de Corinthe

the devinrent ses plus beaux ornemens & ajouterent infiniment à ce qu'elle possédoit déja : alors cette Capitale du monde changea totalement, elle s'étonna de se voir si différente d'elle-même.

Dans la suite cet éclat se ternit : Phocas n'arrache à Maurice les rênes du gouvernement, que pour les laisser échapper de ses mains, que pour les voir passer dans celles d'Héraclius.

L'Empire divisé, déchiré au dedans par ses propres Citoyens, devient la conquête des Habitans du Nord ; suivis par-tout de la destruction & du carnage, ces peuples le ravagent, en font éclipser la gloire pour un tems, & comme une flamme rapide, ils ne laissent après eux que de tristes débris & des cendres.

Qu'allez-vous donc devenir, Arts charmans, qui faisiez dans des tems plus propices, les plaisirs les plus doux & les délices des Romains ? Effrayés par ce torrent impétueux qui menace de tout inonder, vous cherchez des

B

climats plus favorables; mais en quels lieux fuirez-vous? Par toute l'Europe également persécutés, vous n'avez d'autre ressource que les entrailles de la terre; demandez-lui un asyle, moins cruelle que ces Nations destructrices, elle vous ouvre son sein: dérobez au fer & au feu ce qu'ils n'ont point encore moissonné, & cachez à tous les yeux ces Statues mutilées, ces Tableaux à moitié consumés & ces Temples renversés & presque détruits; là attendez avec tranquillité, que la tempête élevée contre vous s'appaise, l'orage va bien-tôt se dissiper, déja le calme renaît, amis de la liberté & de la paix, reparoissez avec elles.

En effet, on découvrit ces ruines, Rome se retrouva sous Rome même: cette époque est fixée par le régne de Mahomet II; ce Despote cruel étoit alors assis sur le Trône des Sultans, son cœur étoit alteré de sang, son ame féroce étoit tourmentée par la soif des conquêtes. Il part d'Andrinople, la victoire l'accompagne, la terreur le précéde, la mort le suit, tout l'Orient retentit du bruit de son tonnerre, les remparts de Constantinople tombent, Constantin Paléologue meurt, l'Empire Grec a été.

Les Arts fuirent sur l'aîle de l'Aigle Romaine & vinrent fixer leur séjour dans l'Italie; les Médicis les attirerent à Florence, ils y reprirent une vie nouvelle, tout se perfectionnoit: les Michel-Anges, les Raphaëls, les Jule Romains, les Paul Véroneses, les Guides & les Titiens parurent, ils remplacerent les meilleurs Peintres de l'antiquité; l'Architecture fut plus belle & plus sublime que dans Rome triomphante; le bon goût s'empara de ses droits usurpés, reprit son empire & s'éleva sur les ruines du gothique qui défiguroit l'Europe entiere.

La Nature, semblable à ces terreins fatigués par plusieurs récoltes abondantes, qu'on laisse sans sémence pour leur faire reprendre de nouveaux sucs : la Nature, dis-je, comme épuisée après avoir produit cette foule de grands

Hommes, sembla se reposer & recueillir ses forces, pour se préparer aux beaux tems de Louis XIV.

La Gaule conquise par les Romains & devenue membre de l'Empire, s'étoit déja ressentie du voisinage de Rome & de l'influence des Arts. Jules César qui y avoit porté ses armes & s'en étoit emparé, ne l'avoit quittée qu'en y laissant des marques de son goût & de son zéle pour l'utilité publique. Il y avoit bâti des Ponts & construit de solides chemins. L'Idolâtrie y avoit fondé, par ses ordres, des Temples pour les Dieux des Gaulois. Quelques successeurs de César étoient venus visiter les bords de la Seine; ils avoient achevé ce qu'il n'avoit qu'ébauché, ou avoient fait de nouvelles entreprises. Respectés par les tems, plusieurs des Monumens qu'ils y érigerent, subsistent presqu'entiers, & Paris montre encore des restes de ce qu'avoit fait faire l'Empereur Julien, lorsqu'il étoit venu l'habiter. Fondée long-tems avant, cette Ville aujourd'hui si pompeuse & si belle, alors médiocrement grande, n'avoit rien de recommandable. Quelques lieux simples & sans décoration, consacrés aux Divinités du Paganisme, & où les Druides rendoient leurs Oracles, étoient toute sa richesse & faisoient ses seuls ornemens.

Pendant que les vainqueurs avoient cultivé & embelli les Gaules, ses habitans n'avoient songé qu'à combattre. Uniquement occupés à défendre leur liberté opprimée, ils avoient laissé à leurs Tyrans le soin de bâtir & de peindre, & ne les avoient pas imités ; aussi les beaux Arts qu'ils n'avoient pas goûtés, étoient-ils disparus avec leurs Protecteurs. Telles sont les suites fatales qu'entraîne après soi la guerre : toujours défavorable aux talens, elle a en tout tems servi d'obstacle à leur propagation, & n'a tendu qu'à les anéantir.

Impatiens de secouer un joug odieux, les Gaulois revoltés contre les Romains, les chassent de leur pays

& portent l'épouvante jusqu'au sein de la Capitale. Une multitude de Nations presqu'inconnues, conduites par Alaric, Atila, Genseric & Odoacre, viennent successivement partager avec eux les dépoüilles de leurs ennemis communs. Ce Trône si long-tems inébranlable, tremble jusques dans ses fondemens. Cet État si affermi, ploïe sous tant d'efforts, & l'on voit tomber ce Colosse effrayant, contre lequel étoient venus se briser toutes les Puissances. Cette Aigle si rédoutée, cesse d'être rédoutable. Ces Légions invincibles sont vaincues, ces Législateurs du monde reçoivent des Loix, & cette Rome orgueilleuse qui avoit chargé de chaînes & déposé tant de Rois, qui avoit à son gré disposé des Couronnes, voit la sienne réduite en poudre, & gémit à son tour dans les fers.

Ainsi avoit fini cet Empire formidable, si souvent combattu, terrible même après la défaite, toujours grand, toujours glorieux. Sa chute avoit précipité celle des Arts & avoit été suivie de leur ruine totale. Tous dans ces tems déplorables, avoient subi le plus funeste sort; la Peinture & l'Architecture avoient perdu ce qu'elles avoient de précieux, leurs plus beaux morceaux avoient été la victime de cet embrasement général, on avoit eu peine à sauver quelques débris que les flammes étoient prêtes à dévorer. Les Sciences n'avoient pû échapper à ce grand nauffrage, & avoient été oubliées. La perte que l'on avoit faite des Bibliotéques, ces dépositaires des secrets des hommes, avoit enseveli sans ressource toutes leurs connoissances. Une nuit affreuse s'étoit répandue dans l'Occident & l'avoit couvert entiérement, on auroit dit que la terre venoit d'être frappée de la foudre, ou qu'elle sortoit d'un déluge, dont elle avoit été affligée de nouveau.

Après la destruction du nom Romain, les affaires politiques changent de faces, & le tableau de l'Europe offre d'autres scènes. Différens Royaumes s'élevent sur les cendres de l'Empire; chacune de ſes Provinces obéit à ſes Princes particuliers. Rome ſe ſoumet à la Tiâre; le reſte de l'Italie ſe partage en pluſieurs Etats. Le Corps Germanique ſe forme & gouverne l'Allemagne, unis avec les Gaulois. Les Francs fondent dans la Gaule Belgique la Monarchie Françoiſe, établis par les armes dans les pays qu'ils ſe ſont choiſis; ces peuples ne s'y maintiennent que par elles, la Juſtice ne connoît chez eux d'autres droits que les droits de la force; & la France dans ſon origine, théatre des ſpectacles les plus ſanglans, fait ſes plus chéres occupations des exercices militaires. Les François voyent les deux premieres Races de leurs Rois, commencer & s'étendre au milieu des diſſentions & des guerres.

Cependant le gothique avoit prévalu, il étoit devenu le goût dominant. L'Architecture avoit été défigurée par les Gots; les productions les plus bizarres & les plus monſtrueuſes avoient réuni tous les ſuffrages, lorſque l'Italie sous les Pontificats de Jules II. & de Léon X. s'étoit reveillée de son sommeil & avoit recouvré la lumiere.

Deux Grands Princes, rivaux, offroient un asyle aux beaux Arts, que les Turcs persécutoient dans la Gréce. Pendant que Charles-Quint les accueilloit à Madrid & faisoit couler dans leur sein l'or du Potose & du Mexique, François I. les appelloit à sa Cour & étoit leur Rémunérateur. Les soins qu'ils se donnerent, l'un & l'autre, ne furent pas infructueux, ils goûterent le plaisir de former un petit nombre d'Artistes. Il est vrai que leurs Peintres furent bien inférieurs aux Corrèges, aux Vandiks & aux Albanes, & qu'ils n'eurent pour Architectes ni des Palladio, ni des Vignoles, ni des Scamozzi, mais ils eurent au moins l'avantage de voir naître un Aurore qui promettoit le plus beau jour.

La Régence tumultueuse de Catherine de Médicis & le Régne de ses Enfans, furent en France défavorables aux Arts, mais le goût de la Nation les préserva en partie de l'orage qui les menaçoit. Enfin il ne leur falloit qu'un ami puissant, qui déployât sur eux toute sa faveur & rétablît la sérénité. Le seul en qui ils eussent trouvé cet ami, le Successeur de Henri III, tomba sous le fer du Fanatisme.

O le meilleur & le plus juste des Rois ! ô Henri IV ! Que n'eût pas fait votre ame toujours portée au grand ? Les Arts vous eussent compté parmi leurs plus zélés Protecteurs ; si pour monter au Trône de vos Ayeux, vous n'eussiez été forcé d'en teindre les dégrés du sang de vos Sujets ; si par un détestable Parricide, un monstre n'eût fait couler les larmes de la France, en répandant votre sang.

Après la mort de son époux, Marie de Médicis essaye de consoler les Arts & de réparer la perte qu'ils viennent de faire. Desbrosse est chargé de la construction d'un Palais ; le pinceau de Rubens donne un nouveau prix à l'Ouvrage de l'Architecte & le Luxembourg devient un modéle dans les deux genres. La Sorbonne voit difparoître fes ruines & trouve dans Armand un magnifique Reftaurateur. Les Arts fous les aufpices de Louis le Jufte, marchent d'un pas hardi & tendent à la perfection ; mais ce tems n'étoit pas encore venu, & la véritable gloire de notre Nation étoit réfervée à Louis le Grand & devoit être fon ouvrage. Son Régne, l'époque de la grandeur Françoife, fut marqué par les plus belles découvertes & par les plus grands progrès : on connut mieux les Sciences, ce fruit lent des années & des veilles les plus laborieufes. La raifon parla & fut écoutée. On vit par fes yeux, on s'exprima par fa voix; le bandeau de l'opinion fut déchiré, le crédit des autorités s'évanoüit, & l'on ne crut plus, par cette feule raifon que d'autres croyoient. Ce bien, après lequel un petit nombre d'hommes foupire, & dont tant d'autres craignent la poffeffion : ce bien que nous femblons chercher avec empreffement, & qui nous échappe sans cesse. La vérité se fit alors entendre, elle étouffa les cris des préjugés & subjugua leur empire. La Philosophie germa dans l'esprit des François, & n'eut d'autres bornes que celles de l'entendement humain. Tandis que les victoires les plus éclatantes se succedoient avec rapidité, & que la France devenoit redoutable au dehors; la Peinture & l'Architecture la rendoient supérieure à ses voisins, & s'empressoient à l'envie de l'embellir au dedans. Tandis que de profonds méditatifs se transportoient dans la sphére des idées & en sondoient l'immensité, que de scrupuleux observateurs foüilloient dans le sein de la Nature & lui déroboient ses secrets! Que d'habiles Astronomes découvroient dans les champs de l'air de nouveaux mondes, & apprenoient à la Terre étonnée, qu'il est d'autres Terres! Tandis que le Théatre retentissoit d'acclamations & s'enrichissoit de Drames immortels, que les Muses par leurs accens harmonieux réveilloient les échos de la Seine & célébroient les actions guerriéres & les vertus de Louis, la Nation Françoise secondée par cet autre Auguste, arrachoit à l'Italie la palme des Arts, & Paris disputoit de rivalité avec Athêne & l'ancienne Rome.

Un Ministre respectable par son goût & jaloux de l'honneur de son Maître. Colbert concevoit les plus hardis desseins & les mettoit à exécution ; vif sur le progrès des Arts, dont il étoit le plus ferme appui ; il excitoit l'émulation, aimoit l'industrie, faisoit naître, échauffoit le zéle, encourageoit le mérite & récompensoit les succès. Par son moyen, les talens même les plus médiocres, obtenoient un coup-d'œil du Souverain, & jusqu'au fond du Nord se ressentoient de ses bienfaits ; tout répondoit aux vœux qu'il formoit. Les plus grands Artistes portoient leur genre au plus haut point de perfection : les le Sueur, les Champagnes, les le Bruns & les Mignards se distinguoient dans la Peinture & la cultivoient d'une maniere digne d'elle. L'Architecture civile conſacroit les noms des Manſards, des Levau, des Dorbay & des le Mercier; les Puget, les Girardons, les Couſtous & les Coiexvox, faiſoient oublier les plus habiles Sculpteurs de Rome moderne. Le Cavalier Bernin s'avouoit vaincu, par le Vitruve François. Sur les Deſſeins & ſous la conduite de Perrault, s'élevoient l'Obſervatoire & l'ineſtimable Périſtile du Louvre; la Porte S. Denis étoit l'ouvrage de Blondel. Pendant que le célébre le Nôtre ſe traçoit à lui-même une route, & créoit pour ainſi dire, un Art tout nouveau, pendant qu'il déployoit ſon génie, par le Plan du Jardin des Thuilleries, Louis forçoit la Nature à Verſailles, & la ſecondoit à Marly. Louis préparoit une honorable retraite aux Défenſeurs de la Patrie, & faiſoit le plus grand de tous les pas vers l'immortalité, en poſant les fondemens du magnifique Hôtel des Invalides. Louis enfin apprenoit à l'Océan & à la Méditerrannée à mêler ensemble leurs eaux & joignoit ces deux Mers par le fameux Canal du Languedoc.

Cependant on ne négligeoit ni l'Architecture navale, ni la militaire. Des Flottes nombreuses faisoient respecter par-tout le Pavillon François, & la France partageoit avec Albion l'empire des Mers. Un Guerrier courageux, un Citoyen entiérement dévoué au bien commun, Vauban donnoit un autre spectacle aux Européens, il leur enseignoit à fortifier leurs Villes. En un mot, les Places de Vendôme & des Victoires, les Châteaux de Maison & de Clogny, la Machine hydraulique, l'Aqueduc & le Parc de Marly. Le Commerce, cette colonne de l'État, étendu & annobli, des Manufactures établies & devenues florissantes, des Académies fondées pour tous les Arts : voilà quels furent les objets des délassemens d'un Grand Roi, voilà quels furent les Chef-d'œuvres d'un siécle créateur, qui a mérité d'être notre exemple, & qui sera toujours celui de la postérité.

De nos jours, si l'on en croit la critique, les Sciences sont abandonnées, les Arts n'ont plus de Cultivateurs, les Lettres languissent sans Littérateurs & sans Mécênes ; le flambeau du génie s'est éteint, le vrai goût n'est plus, la frivolité nous l'enleve ; les beaux âges sont passés, la barbarie gothique va renaître, déja même ses ténébres nous environnent.

O siécle de Louis XV ! Ne seriez-vous donc plus le rival du siécle dernier ? Ne nous auriez-vous flatté des plus belles espérances, que pour nous laisser dans les plus sensibles regrets ? Verrions-nous évanouir ces heureux préjugés que votre enfance nous avoit donnés.

France ! ô ma chere patrie ! La gloire que vous vous êtes si justement acquise par vos travaux en tout genre, va-t'elle donc se perdre & vous être ravie ? D'où vient que la calomnie vous poursuit & vous perce de ses traits ? Les mépris que l'on affecte d'avoir pour vous, seroient-ils donc des mépris mérités ?

rités ? Mais non, diffipons nos craintes & ceffons de nous allarmer. Les Arts, loin de dégénerer ont encore la fécondité des premiers tems & jettent le même éclat. Nos Sculpteurs ne le cédent en rien à ceux que l'injuftice leur préfére, & les ouvrages de nos Peintres & ceux de nos Architectes, peuvent fouffrir le parallele avec ceux de l'antiquité. Enfin l'École Françoife fe conferve avec dignité, fe foutient avec diftinction & marche d'un pas égal à côté des Écoles Grecques & Romaines, le plus grand fuccès la fuit toujours, & les Chef-d'œuvres qu'elle enfante feroient avoués des plus grands Maîtres ; les étrangers l'admirent, mais fans ofer l'imiter. On peut même avancer, que la France maintenant ne voit aucune Nation qui foit fon émule. En effet, laquelle entreprendroit de faire des collections en Tableaux & en Eftampes, auffi nombreufes & auffi parfaites que celles qui ont enlevé nos fuffrages depuis plufieurs années dans cette Capitale ? Quelle Nation conftruit chez foi tant d'Édifices enfemble? La ville de Paris érige une fuperbe Place à l'honneur de fon Souverain, & ce Monument éternel de fon amour pour fa Perfonne, apprendra aux races futures, combien ce Prince eft cher à fes Sujets. Près du tombeau de nos braves Militaires, le berceau de leur poftérité va bientôt paroître avec non moins de fplendeur ; la Marine fe rétablit & s'augmente, Dunkerque fe répare, le Louvre s'acheve.

Vous ne ferez plus déformais arrofé de nos larmes, Palais pompeux des Bourbons, un nouveau Colbert * vient effuyer les pleurs que nous arrachoit l'état honteux où vous étiez abandonné & fa main va vous rendre les charmes que les mains du tems ont flétris.

Qu'on ne nous reproche donc plus de n'être fertiles qu'en projets, qu'on

* Mr. le Marquis de Marigni, Directeur & Ordonnateur général des Bâtimens du Roi, Arts, Académies & Manufactures du Royaume: on ne peut donner trop d'éloges à ce zélé citoyen. Nous devons à fon goût & à fes foins la reftauration & l'achevement du Louvre.

cesse de dire que nous n'exécutons rien; des grands Chemins pratiqués dans tout le Royaume, des Ponts jettés sur les Riviéres & sur les Fleuves, des Canaux exécutés, des Ports, des Digues, des Quais, des Fontaines, des Églises élevées décélent tous la fausseté de ce reproche.

C'est donc à tort qu'on nous annonce la stérilité des Arts & qu'on nous ménace de leur décadence prochaine.

Vous attestez le contraire, illustres Artistes! Vous par qui la France atteint la perfection de l'ancienne Rome & l'emporte maintenant sur l'Italie. Continuez, forcez l'envie même d'être votre admiratrice, elle qui répand sur les plus belles productions du Génie ses poisons les plus dangereux, faites constamment nos plaisirs & notre triomphe. Continuez, un Monarque éclairé, que le Ciel a placé sur le Trône pour le bonheur des François, préside à vos pénibles travaux.

C ij

Secondez ses vûes & méritez toujours ses bontés, vous avez trouvé en lui un généreux & puissant Protecteur. Il est l'ami des talens, il verse sur eux les récompenses, & tel que cet Astre bienfaisant, dont les rayons portent partout la chaleur & la vie, nous le voyons les animer & les nourrir de ses regards; nous le voyons enfin faire revivre ces tems si desirés & rares, où les Dieux de la terre se partageoient entre la Guerre, les Muses & les Arts.

Daignez, GRAND PRINCE, recevoir mon foible hommage, permettez que je mêle ma voix à la voix de l'Univers, & que je chante avec lui vos louanges; que ne puis-je, formé dès mon enfance aux talens pittoresques, vous représenter couronné de lauriers immortels, par les mains de la Victoire, vainqueur dans les deux Mondes de ces fiers Insulaires, vos perpétuels Ennemis. Que ne puis-je peindre cette premiere vertu des Rois ! L'humanité qui fait votre caractére

& qui brille sur votre auguste visage; j'oserai peut-être un jour l'essayer, trop timide encore, je ne puis que vous admirer en silence.

Fin de la premiere Partie.

SECONDE PARTIE.

Des avantages de la PEINTURE, *de de son application à l'*ARCHITECTURE, *de la maniere dont ces deux Arts doivent décorer les Temples; des plat-fonds peints: de la vérité qu'il faut mettre dans les décorations pittoresques.*

POUR faire l'éloge de la Peinture, il suffit de la nommer: en vain pour en relever l'excellence, l'éloquence employeroit ce qu'elle a de plus pompeux; les traits les plus délicats, les figures les plus hardies, les termes les plus nobles, les images les plus vives n'ajoûteroient rien à l'estime qu'on a eû dans tous les tems pour ce bel Art. Vénus & les Graces n'ont pas besoin, pour nous enchanter, de cette parure mensongère, de ces ornemens trompeurs qui servent souvent à masquer les défauts de la Nature. Telle est la Peinture, le grand nombre de ses Amateurs atteste sa gloire & son prix : où sont les hommes qui soient insensibles à ses charmes ? En effet, à la vûe de ces Chef-d'œuvres que les siécles passés ont produit & que le nôtre enfante tous les jours, comment n'être pas saisi d'admiration ? C'est par la vive & subite impression que fait sur nous le pinceau des grands Artistes, que la Peinture est regardée comme la * sœur de la Poësie, & qu'elle partage avec

* » *Ut pictura poësis erit, similisque poësi*
» *Sit pictura: refert par æmula quæque Sororem;*
» *Alternant que vices & nomina.* Muta poësis
» *Dicitur hæc*: pictura loquens *solet illo vocari.*
     Dufrenoy. *De Arte graphica.*

La (a) Peinture a les mêmes principes que la Poësie dramatique & lui ressemble parfaitement : ce sont les mêmes loix qui les dirigent; l'une & l'autre sont assujetties à la régle des trois unités, dont elles ne peuvent s'écarter sans des raisons puissantes. Il faut placer la Scêne d'un Tableau d'Histoire, dans un

(a) **Les régles de la Peinture,** (*dit l'Abbé Dubos*) sont autant ennemies de la duplicité d'action, que les régles de Poësie dramatique.

elle les applaudissemens : est-il pour nous une source plus abondante de plaisirs toujours nouveaux, que celle que nous présentent ces deux sœurs ? L'une remue nos cœurs, l'autre enchante notre esprit, celle-ci nous sé-

seul lieu, ainsi que la Scêne d'une Tragedie. On ne doit y voir rien d'étranger au sujet que l'on traite ; l'action doit y être une & doit se passer dans un seul instant ; différente cependant en cela du drame dont l'action peut durer un jour entier.

Comme il est différens genres dans la Poësie, il est aussi différens genres dans la Peinture.

La Peinture tragique est celle où le Peintre représente un événement triste, & où le pathétique & la noblesse doivent être employés.

La Peinture comique est celle où le Peintre se déride, & où il joue les ridicules, avec les graces de l'enjouement & du badinage.

Les Peintures liriques & pastorales, sont celles qui représentent des Bergers, des Troupeaux & tous les ornemens de la Campagne, elles ont autant de naïveté & d'élégance que la Poësie bucolique, & elles sont plus susceptibles qu'elle, de vérité. Les Tableaux de M. Boucher, (ce Peintre dont les compositions sont si séduisantes & dont le pinceau est si flatteur,) en fourniront une preuve. Quelle vive tendresse ! Quel amour éloquent peint dans les yeux des Amans qui font le sujet de ses charmans Ouvrages ! Il a l'art de les embellir par les accessoires les plus riants : on peut le nommer le Gresset de la Peinture ; en effet, il est le Peintre des Graces, comme M. Gresset en est le Poëte.

duit par les yeux, celle-là charme nos oreilles, & toutes les deux nous captivent & nous intéressent également. La Peinture poësie muette, offre à nos regards ce que peut la main la plus délicate, guidée par le feu d'une imagination féconde, secondée de ces touches heureuses qu'enfante la chaleur du génie. La Poësie, Peinture parlante, nous flatte par son harmonie, nous instruit des actions mémorables des Héros & leur imprime le sceau de l'immortalité. Ces deux Arts enfin excitent en nous une sensation si flatteu-

Le Poëme (*a*) héroïque, l'Épopée de la Peinture est une suite de Tableaux qui représentent l'Histoire d'un Héros, dont chaque Tableau est un chant qui fait partie du Poëme : les licences y sont permises & y font même beauté. C'est-là, que pour caractériser une passion, pour lui donner plus de force, on y anime, on y incarne, (pour ainsi dire) les vertus, on y personnifie les vices.

Là, pour nous enchanter tout est mis en usage.
Tout prend un corps, une ame, un esprit, un visage.
Chaque Vertu devient une Divinité,
Minerve est la Prudence, & Vénus la Beauté.
                Boileau, Art poëtique, Chap. 3.

(*a*) Tel est l'Histoire de Henry IV. peinte par Rubens à la fameuse Galerie du Luxembourg à Paris. C'est peut-être le Poëme le plus parfait que nous ayons en France.

fe & nous trompent fi agréablement, que nous croyons voir d'une part refpirer la toille, & que de l'autre, les Êtres même les plus infenfibles nous femblent animés.

Mais pour me renfermer dans ce qui fait l'objet de ce difcours; de quelle univerfalité n'eft pas la Peinture ? Elle eft le langage de toute la Terre, fes expreffions univerfelles fe font entendre de toutes les Nations & parlent éloquemment à leurs yeux. Semblable à la beauté & à l'harmonie, la Peinture n'eft nulle part étrangére, fon pouvoir ne voit point de bornes. Citoyenne de toutes les Contrées, fouveraine de tous les Pays, partout elle a des droits puiffans; elle peut parcourir le Monde en Reine triomphante : partout où il eft des hommes fenfibles & délicats, elle trouve des fujets, des Autels & des Temples.

Des avantages de la Peinture.

Rivale de la Nature, la Peinture multiplie l'Univers à nos regards & lui donne un nouvel être. A fes ordres nous voyons des Phénomenes paroître, des Chef-d'œuvres éclôre : elle parle, la Terre qu'elle vient de créer se fertilise & produit des fruits, les Campagnes se tapissent d'une tendre verdure, les Champs brillent de l'éclat des plus vives couleurs, mille fleurs réjouissent la vûe par la variété & l'assortiment de leurs avances. Tout s'anime, tout vit à sa voix, le Ciel s'embellit, les Arbres croissent, les Forêts se peuplent, les Montagnes s'élévent, les Fleuves se creusent des lits, la Mer se couvre de Vaisseaux, les Villes se bâtissent & dans ces Villes s'érigent de superbes Palais. Quelquefois, telle que l'Aigle rapide, elle prend son essor, pénétre jusqu'au Sanctuaire immortel, entretient commerce avec la Divinité & nous en grave les traits majestueux. Quelquefois aussi prenant un vol moins élevé, elle se plaît à retracer les simples actions des mortels. Tantôt elle fait resonner la trompette héroïque, tantôt elle badine sur le tendre chalumeau ; souvent elle aime à repréfenter deux Armées ennemies, au fort de la plus affreufe mêlée, dans la chaleur de l'action la plus vive.

Plus énergique, plus expreffive que l'éloquence, la Peinture feule a l'avantage de nous faire voir les objets fous leurs propres couleurs & dans toute leur vérité. Un feul coup-d'œil fur ces figures, fuffit pour nous donner une idée jufte & précife, de ce que le difcours le plus long & le plus orné ne pourroit crayonner qu'à demi & ne peindroit que confufément. Elle faifit, elle furprend la Nature dans fes productions, elle en examine, elle en combine le mécanifme, elle en repréfente, elle en copie tous les effets fenfibles, elle doit prefque toujours à la Nature fon plus beau coloris : mais elle la choifit, l'embellit, la pare de nouvelles graces.

Que ne te devons-nous pas, charmante Peinture ! Pour nous plaire tu prends mille formes nouvelles, tu cours de beautés en beautés. Au fein des Villes, tu nous fais retrouver les graces champêtres. Au milieu des Campagnes tu nous offres la pompe des Villes, tu nous fais jouir dans la tristesse des Hyvers, de la parure riante du Printems: Chacun s'empresse de partager tes faveurs, tu fais l'amusement de toutes les Sociétés, l'agrément de tous les États, le plaisir de toutes les Conditions; tu captives les Riches dans le sein de leur grandeur, les Rois même descendent de leurs Trônes pour t'admirer de plus près.

Tous les hommes en effet sont sensibles aux attraits de la Peinture. On objectera peut-être, que pour éprouver quelque sensation à la vûe d'un Tableau, il faut pouvoir en porter un jugement sain & être versé dans les mystéres de cet Art: mais il est aisé de détruire cette objection. Un Littérateur * de ce siécle, homme de goût, a dit: » Un beau Tableau char» me & enléve un Spectateur qui » n'a aucune idée de Peinture, le sen-

* M. Rollin.

» timent fait à peu près en lui, ce » que l'Art & l'usage font dans les con- » noisseurs. «

La satisfaction d'un Artiste éclairé l'emportera toujours, il est vrai, sur celle d'un simple Artisan, mais l'un & l'autre seront satisfaits diversement. Les plaisirs que procure la Peinture sont proportionnés au dégré des connoissances & se multiplient à mesure que les connoissances augmentent.

Voyons l'homme de goût & connoisseur, vis-à-vis le Tableau d'un grand Maître. Les charmes les plus cachés, les ressorts les plus secrets qu'aura mis en jeu le Peintre, se déveloperont à ses yeux pénétrans. Rien ne lui échapera, il verra la disposition de l'ensemble, l'ordre, l'œconomie de tout l'ouvrage, la sagesse de la composition, la variété, le contraste des Figures, la diversité des attitudes, le beau choix des draperies. Il verra la belle entente du coloris, la distribution sçavante des lumieres, l'union des clairs & des ombres, l'harmonie des tons & des couleurs, la magie du clair obscur; il jugera de la beauté des épisodes & de la vérité des accompagnemens.

Plaçons maintenant devant le même Tableau, un homme que les Arts n'ont point formé, incapable de sentir les délicatesses du travail & les finesses du pinceau, les beautés de détail, les beautés factices & de convention seront perdues pour lui, la régle de l'unité, les convenances, le costume observés ne le flatteront point; mais il sera frappé d'une passion saisie, d'une action puisée dans la Nature, d'un caractére marqué, d'une vérité d'expression.

Puissante par elle-même, riche de son propre fond, la Peinture peut se passer de plusieurs autres Arts. Tous les Arts ont besoin de son secours, elle les imite, elle les rend avec toutes leurs beautés; ses grisailles en effet, forment si parfaitement la sculpture, ses différens tons de couleurs de pierre ou de marbre,

DISCOURS.

marbre, représentent l'Architecture avec tant de vraisemblance, que souvent l'œil le plus connoisseur y est trompé. Jettons les yeux sur l'intérieur de la Chapelle * des Enfans trouvés ; quelle beauté ! Quelle grandeur ! Quelle illusion parfaite ! Qui ne croiroit, voyant cette Architecture peinte, entrer dans un Temple superbe, que décorent des colonnes d'un mar-

---

* Qu'on ne s'y méprenne point : je ne parle que de l'Architecture peinte, & je ne prétends pas faire ici l'apologie des Figurés (*a*) qui ornent l'intérieur de la Chapelle des Enfans trouvés : ce n'est pas qu'elles ne brillent par la beauté du dessein, & par la pureté des contours ; mais c'est qu'elles y sont appliquées sans convenance, & que le Peintre n'a consulté dans sa composition poëtique, ni les Loix de la vraisemblance, ni celle du Costume : car, quelle vérité ? (me diroit un critique avec raison) Un lieu presque détruit par la vétusté où l'on a construit des Chapelles où sont des Saints de moderne fabrique, qui habitent le même toit, que Jesus-Christ au berceau ; où l'on voit des Enfans & une Religieuse, qui (sans doute portés sur l'aîle des Zéphirs,) regardent du dehors d'une fenêtre dans l'intérieur du Bâtiment ; enfin, où je crains que la voûte presque détruite, ne s'écroule sur ma tête.

(*a*) Les Sujets en sont peints par M. Natoire. L'Architecture est peinte par Mrs. Brunetti, pere & fils : l'idée est de M. Boffrand, Architecte du Roi, qui a bâti la Chapelle & la façade sur la Rue.

D

bre réel? Quel relief! La réalité produiroit-elle un effet plus merveilleux? Quel agréable mensonge! Tout y est peint avec tant d'art, que la fiction y prend la couleur de la vérité.

A ces précieux avantages de la Peinture, ajoûtons celui d'élever avec beaucoup plus de promptitude & d'œconomie que l'Architecture, les Feux d'artifices, les Salles de Bals, les Arcs de triomphe.

Que dirai-je des effets surprenans qu'elle produit dans un Optique ménagé avec intelligence? Par une magie enchanteresse, elle augmente en apparence l'étendue réelle d'un lieu, en nous offrant dans un lointain un point de vûe qui termine une perspective.

De quelle utilité n'est-elle pas à l'Anatomie *, cette Science si nécessaire à la conservation des hommes! C'est à la Peinture qu'un habile Anatomiste confie ses découvertes com-

* Voyez les Planches Anatomiques de M. Gaultier.

me un dépôt sacré, c'est elle qui retrace à nos yeux le mécanisme surprenant du corps humain, c'est par ses Figures anatomiques dont on se sert au défaut de la Nature, que l'on en apperçoit la structure mystérieuse, les ressorts les plus cachés, les vaisseaux les plus déliés, les organes les plus délicats.

C'est la Peinture qui fait revivre les Guerriers, dont la victoire a couronné les Exploits, les Citoyens généreux qui se sont immolés pour la Patrie. C'est elle qui rend, pour ainsi dire, présens ces Sçavans qui font tant d'honneur aux siécles qu'ils ont éclairés, ces Artistes, que des Talens supérieurs ont rendu célébres, ces Hommes précieux, ces Sages qui ont étonné l'Univers par le spectacle de leurs vertus. Elle remet sans cesse sous les yeux d'un jeune Prince, pour lui servir de modéles, les actions héroïques de ses ancêtres & celles de ses prédécesseurs. Elle conserve les traits augustes des Rois nés pour le bonheur de l'humanité, de qui la main secourable a fait ignorer l'indigence à leurs Peuples, & dont le Trône étoit l'asyle des malheureux. Elle représente, mais pour une fin bien différente, mais pour être à jamais abhorrés, ces Monstres farouches, ces Tyrans inhumains qui ont gouverné leurs Sujets avec un Sceptre de fer. Elle redonne à sa famille un pere chéri, que la mort vient d'enlever; elle rend à une épouse tendre, un époux bien-aimé; elle raproche d'un ami absent, un ami fidéle; elle calme la douleur la plus aiguë d'une amante, en lui offrant l'image muette de l'objet de sa tendresse. Chez elle le crime est toujours peint sous les plus noires couleurs, éprises des charmes de la vertu, elle employe son pinceau à lui prêter un nouveau lustre, à lui donner de nouveaux agrémens, pour la rendre plus aimable.

Mais où suis-je ? Où me trouvai-je transporté ? Je vois renouveller les merveilles de la Lire d'Amphion : est-ce une illusion, ou la réalité même qui me frappe ? Quel attrait puissant tient mes sens suspendus ? Quel est ce spectacle enchanteur ? Quel est cet édifice pompeux qui s'ouvre à mes regards étonnés ? Est-ce le Palais enchanté de quelque Divinité ? A ces étonnantes beautés, à ces décorations éclatantes, je reconnois ton Temple, ô Peinture ! Là, tu nous dévelopes tous tes trésors, tu nous fais part de toutes tes richesses, tu étales avec complaisance à nos yeux tes charmes divers. Là, au désert le plus affreux succéde une Ville superbe; l'humble Cabane est changée en un Palais somptueux. Là, paroissent alternativement la triste demeure des ombres & le séjour aimable des Dieux : ici Flore embellit la scène de sa parure, là Bacchus & Cérès l'enrichissent de leurs dons. Tantôt des Montagnes arides, des Campagnes désertes, des Terres incultes & inhabitées y viennent atrister nos regards. Tantôt nous jouissons de la vûe satisfaisante d'un Hameau placé dans une heureuse situation. Là, nous sommes frappés de l'aspect majestueux d'une longue file de colonnes, dont la perspective forme un superbe Péristile. Ici c'est un Jardin magnifique, orné de Boulingrins & de Parterres, embelli d'Eaux jaillissantes & de Cascades, décoré de Figures & de Groupes. A la nuit la plus obscure, aux ténébres les plus profondes, succédent la sérénité, l'éclat * d'un beau jour.

<small>De l'application de la Peinture à l'Architecture.</small> Que ne puis-je parcourir tout ce que la Peinture nous offre ici de toutes parts, je sors de son Temple, je passe à la maniere de l'adapter à l'Architecture & de l'employer avec convenance à l'embellissement des Édifices.

* On ne reconnoîtra point l'Opéra au portrait que je viens d'en faire : j'ai peins ce qui devroit être, & non pas ce qui est. Serons-nous toujours insensibles aux justes reproches que nous font les Étrangers au sujet de nos Spectacles ? L'Opéra sur-tout est bien éloigné de la perfection à laquelle on pourroit le porter. Les décorations sont négligées, faites à la hâte & servent souvent à des choses bien différentes. N'aurons-nous jamais de Salles dignes, que l'on y représente les Poëmes excellens, que nous avons en tout genre ?

Les beaux Arts sont comme les neuf Muses, ou comme les trois Graces : ils se tiennent par la main ; c'est-à-dire, qu'en vertu de certains rapports, ils se touchent, s'enchaînent, se donnent des secours mutuels. Prenons pour exemple la Peinture & l'Architecture ; l'une & l'autre ont leurs loix particulieres, leurs caractéres distinctifs : loix & caractéres qui les différencient, qui empêchent qu'on ne les confonde, mais l'une & l'autre ont une correspondance mutuelle, se communiquent un éclat réciproque.

L'Architecture dans son berceau fut trop simple, elle étoit bornée pour lors aux besoins pressans de l'humanité. Avec plus de connoissances & de talens, on a transformé les Cabanes des premiers hommes en maisons commodes, on a même érigé des Palais pour les Maîtres du monde. Alors le Peintre s'est prêté aux vûes de l'Architecte ; l'intérieur des Édifices a été enrichi des Chef-d'œuvres du pinceau, & ces lieux qui par eux-mêmes n'eusfent été que vaftes, commodes, ou bien diftribués, font devenus magnifiques & charmans par les Tableaux qu'on y a placé avec goût & avec intelligence.

La Peinture d'autre part, quoique féconde en beautés qui lui font propres, perdroit mille occafions de briller, fi l'Architecture ne lui tendoit la main. Les Tableaux d'Apelle étoient expofés dans la Place publique, pour éprouver le goût des connoiffeurs, & pour profiter de leurs critiques, mais c'étoit une fituation paffagere. Ces miracles de l'Art, portés bien-tôt après chez les Princes & chez les Particuliers y jouiffoient d'une gloire plus durable; on les rangeoit fous les Portiques, on les plaçoit dans les Veftibules avec les Statues des Ancêtres: dans ces avantageufes pofitions, ils fixoient mieux les regards, & des lieux même qu'ils embelliffoient, ils recevoient mille graces nouvelles. Protogênes* contemporain d'Apelles

* Protogênes, natif de la ville de Caune en Cili-

& aussi estimable que lui, osa mépri-
ser cet avantage, il habitoit une Cabane & y exposoit au hazard ses ad-
mirables Productions, elles étoient
oubliées & méprisées.

cie, florissoit vers la CXVIII. Olimpiade, & l'an 308.
avant Jesus-Christ. Celui de ses Ouvrages qui lui
a le plus fait d'honneur est le Tableau de Jalisus,
fameux Chasseur de l'Isle de Rhodes. Appelles fut
si surpris de la beauté de ce Tableau, qu'il avoua
n'avoir jamais rien vû qui l'égalât. Protogènes, pour
en conserver la durée, le couvrit de quatre couches
de couleurs, afin que le tems en effaçant une, il s'en
trouvât une autre toute fraiche. On y voyoit un
Chien échauffé, dont l'écume étoit admirablement
représentée, & qui devoit sa perfection au hazard.
Felibien.

" La fortune, (dit Michel de Montaigne,) sur-
" passa Protogènes en la science de son Art. Cetui-
" ci ayant parfaict l'image d'un Chien, las & recreu,
" à son contentement en toutes les autres parties,
" mais ne pouvant représenter à son gré l'escume &
" la bave. Despité contre sa besongne, prit son espon-
" ge, & comme elle étoit abbreuvée de diverses cou-
" leurs, la jetta contre pour tout effacer: la fortu-
" ne porta tout à propos à l'endroit de la bouche
" du Chien & y parfournit ce à quoi l'Art n'avoit
" peu atteindre. "

Le tableau de Jalise, (au rapport de Pline*,) *Liv. 35. Ch. 10.
conserva la ville de Rhodes, lorsque Démétrius Po-
liorcetes, Roi de Macedoine, l'assiégea l'an 304.
avant Jesus-Christ; car ne pouvant la prendre que
du côte où étoit la maison de Protogènes, il aima
mieux lever le Siége & renoncer à la victoire qui lui

Cet inimitable Tableau de Jalise, placé depuis à Rome dans le Temple de la Paix, n'attiroit chez l'Artiste aucun regard, il lui falloit la magnificence d'un Édifice & les secours de l'Architecture pour piquer la curiosité des spectateurs.

Mais il ne suffit pas d'unir ces deux Arts & de les adapter l'un à l'autre sans discernement : ce n'est pas assez de plaire aux yeux, il faut contenter la raison.

Il est donc un choix à faire dans les divers sujets de Peinture, tous ne concourent point avec un égal avantage à l'embellissement d'un Édifice.

étoit offerte, que de mettre le feu & de faire consumer cet Ouvrage admirable. Ce Prince ayant sçu, que pendant le Siége, Protogênes ne laissoit pas de travailler dans une Maison hors de la Ville, sans que le bruit des armes fût capable de l'interrompre, le fit venir, & lui demanda comment il osoit demeurer ainsi à la campagne & se croire en sûreté au milieu des ennemis. Il lui répondit, qu'il sçavoit bien qu'un Grand Prince comme Démétrius, ne faisoit la guerre qu'aux Rhodiens & non pas aux Arts ; ce qui plut extrêmement à ce Conquérant, & augmenta son estime pour ce Peintre.

Felibien.

Un Appartement paré, fait pour la magnificence, se traitera d'une autre maniere qu'un Appartement particulier. Dans le premier, tout sera sage & grand; dans le second, le Peintre, moins rigoriste, pourra donner l'essor à son imagination.

Toutes les Piéces différentes doivent par leurs peintures symboliques annoncer leurs usages : que celles où se plaît Comus, les Salles à manger, les Salles où se donnent les Festins publics, offrent des ornemens & des sujets rians : que celles où Momus préside, les Salles de Bals & de Concerts respirent de même l'enjouement & la gaieté : que celles qu'habite Thémis, les Chambres du Dais & du Conseil, les Chambres du Trône chez les Rois, les Salles où les Magistrats donnent audience, soient nobles & imposantes dans leurs embellissemens, & que rien n'y puisse distraire les yeux. La même sévérité doit regner dans les Piéces dédiées par leurs allégories à certaines Divinités, ainsi que sont à Versailles

les Sallons de la Paix, de la Guerre & celui où est peint l'Apothéose d'Hercule. Les Chambres de parade, les Sallons, les Salles de Jeu & les Galeries demandent aussi quelque retenue, mais faites pour la société & dès-lors plus fréquentées, elles doivent être traitées dans leurs décorations avec plus d'agrément & peuvent présenter quelque chose de plus varié & de plus amusant.

Les Salles de Spectacles veulent des Sujets différens, selon qu'elles sont destinées au tragique ou au comique ; la gravité & la noblesse ne conviennent qu'à Melpomene ; la légereté & le badinage sont le partage de Thalie.

S'agit-il de petits Appartemens, lieux où se plaît l'Amour ? C'est là que le pinceau doit épuiser tout ce que la volupté a d'attrayant ; des Mirthes, des Roses, des Boccages, des Champs tapissés de verdure, des Campagnes où brille l'éclat des plus vives couleurs, doivent faire l'ornement de ces sortes de Piéces. Là, peut s'offrir le spectacle agréable & l'aménité d'un Jardin que l'art a pris soin d'orner; ici c'est le Tableau des charmes ingénues & de l'aimable défordre de la Nature. Là, même il faut que l'Architecture dépofe cette gravité, qui dans tout autre lieu feroit son principal ornement, elle ne doit plus être si efclave de fes principes févéres, elle peut au contraire permettre à fon imagination d'enfanter, à fon goût de s'étendre : tout doit prendre cet air gai, qui fait goûter une douce fatisfaction; tout doit enfin annoncer le théâtre des Graces, le féjour des plaifirs.

Que la même fageffe * qui aura conduit la main de l'Artifte dans la décoration des Piéces qui compofent un Palais, l'infpire auffi dans les di-

***

* On me reprochera peut-être que je viens de dire le contraire, en parlant des petits Appartemens: mais que l'on fe reffouvienne de cette Sentence: *Il eſt fage d'être fol dans l'occaſion.*

vers Monumens qu'il aura occasion de décorer. Les ornemens varient selon les Édifices; chacun d'eux a un genre distinctif & caractéristique: n'allez pas faire figurer les Jeux à un Catafalque, n'allez pas le traiter avec trop d'éclat; ce seroit allier ensemble les contraires; ce seroit mettre sur le corps nerveux d'un Gladiateur, la tête délicate d'une jeune Bergere.

Fuyez toutes formes capricieuses & trop recherchées. Aimez cette noblesse simple si fort amie des yeux. Que semblable à l'Architecture, la Peinture fasse les accessoires pour les masses, & les masses pour les accessoires. Qu'elle observe cette unité qui fait la perfection de tous les Arts: qu'elle n'offre jamais dans un même lieu des Sujets opposés; que ceux dont la convenance lui fait faire choix, répondent à l'élégance ou à la grandeur des lieux. Nous en avons à Paris dans l'Eglise de Saint Eustache un modéle frappant; Mignard y a peint à Fres-

DISCOURS. 63

que * une Gloire ** célefte dans l'appareil le plus magnifique, & qui nous rend bien l'idée que nous avons d'un Dieu Puiffant & Majeftueux.

* La Frefque eft une Peinture faite fur un enduit de mortier frais, avec des couleurs détrempées dans de l'eau. Ce genre de Peinture éxige les plus grands talens; la prompte exécution qu'il demande, requiert un génie vif, qui faififfe avec feu, qui exécute de même & capable de toucher hardiment & à grands traits, tout ce qui marque avec plus d'énergie les mouvemens violens & les paffions. La Frefque a cet avantage fur les autres genres de Peinture, qu'elle fe conferve fraiche des fiécles entiers : elle a même une grace particuliere que quelques Artiftes préférent volontiers à la Peinture à l'huile : elle peut être regardée comme le fublime, l'héroïfme de la Peinture. C'eft à la Frefque que fe font exercés les plus célébres Peintres.

** Ce difcours étoit fait avant que l'on abbatît le Portail gothique de S. Euftache, qui a caufé la ruine de deux morceaux précieux, l'un peint par Mignard, l'autre par la Foffe, dans deux Chapelles contigues à ce Portail, dans l'une defquelles étoit cette Gloire célefte dont je parle. Il eft bien fâcheux que l'on n'ait pas fait des efforts pour les conferver. n'auroit-on pas pû faire ufage du fecret d'enlever la Peinture ? On auroit toujours joui de la vûe de ces Plat-fonds, qui, quoiqu'un peu dégradés par l'humidité, confervoient néanmoins de grandes beautés. Le Public fe confolera volontiers de cette perte, fi on lui offre un Portail digne de fon admiration. On a lieu de l'efpérer des talens de M. Manfard l'aîné, Architecte, qui en a donné le deffein.

Que tout fasse allusion à l'usage du Monument : que la justesse & la bienséance guident sans cesse le Peintre, & qu'elles se fassent sentir dans toutes ses productions, qu'il imite en cela l'Architecte qui n'admet les beautés mâles des ordres, que dans les Bâtimens qui doivent annoncer la solidité, & qui ne fait usage de sculpture & des colonnes Corinthiennes, que dans ceux où doit présider la richesse de l'ordre délicat.

Un Édifice public, tel qu'un Hôtel-de-Ville ou une Bibliotéque se distinguera donc par la Peinture, de la demeure d'un Particulier : plus susceptibles dans leurs distributions de Piéces vastes & spacieuses, qu'elles soient traitées avec plus de majesté : que les Hôpitaux soient décorés en Peinture comme en Architecture, c'est-à-dire, avec une sage œconomie, & qu'ils soient embellis sans profusion : qu'un Tombeau soit triste & lugubre, qu'il présente de toutes parts des Sujets touchans & pathétiques : riche avec simplicité,

plicité, brillant sans faste, qu'un Mauzolée soit orné avec une magnificence qui lui soit relative.

A l'égard des Édifices sacrés, lieux de recueillement & de Priéres, que la Peinture y déploïe toutes les forces de son Art, qu'elle ranime le feu divin qui l'échauffe, pour célébrer dignement cette auguste Majesté qui caractérise la Divinité : que l'Architecture dévelope ce qu'elle a de plus imposant, qu'elle fuye la bassesse gothique * dans ses détails, mais qu'elle en imite la grandeur dans ses ensembles,

De la maniere dont la Peinture & l'Architecture doivent décorer les Temples.

* L'Architecture antique a pris faveur : l'Architecture gothique est proscrite : la premiere a toute notre estime, elle en est digne : la seconde n'a que nos mépris : les mérite-t'elle ? Non sans doute. Notre préférence pour l'une à l'exclusion de l'autre, est le fruit du préjugé qui régle assez souvent nos goûts dans les Arts, comme il forme presque toujours nos sentimens dans les Sciences & dans la Philosophie. Osons rendre justice à ces deux Architectures, & que les charmes de l'aînée ne nous fassent pas fermer les yeux sur les beautés de la cadette.

Les Architectes gothiques, avec un goût pauvre & mesquin dans les détails, concevoient d'une grande maniere, & exécutoient avec la plus grande hardiesse les ensembles de leurs Édifices : les Monumens élevés dans les beaux jours du gothique, tels que la

qu'elle joigne les beautés Grecques & Romaines à la noble élévation que les Gots ont sçu donner à leurs Édifices, qu'elle n'emploie que cette aimable simplicité si conforme à la Nature. Que ces deux Arts enfin s'unissent & concourent à donner aux Temples l'air de décence & de noblesse qui leur convient, qu'ils y forment cet accord harmonieux, qui seul en fait le succès.

Sainte Chapelle à Paris, l'Eglise de Saint Ouen à Rouen, celle de l'Abbaye Royale de Poissy, l'Eglise de Ste. Croix à Orléans, la Cathédrale de Milan *, &c. Ces Monumens, dis-je, ont une grandeur, une légereté & une délicatesse surprenante, que ne nous a point encore offert l'Architecture Grecque & Romaine.

Les Artistes gothiques osoient inventer: nous n'osons que copier: ils avoient du génie, ils s'en servoient; nous en avons, nous le tenons captif. Quand cesserons-nous d'être serviles imitateurs des anciens? Quand n'aurons-nous plus pour leurs goûts ce respect qui tient du culte & de l'idolâtrie? Ne deviendrons-nous jamais créateurs comme eux? Nos Eglises modernes sont presque toutes calquées les unes sur les autres; une seule enfin que l'on va construire, différera de toutes par sa forme. Le Plan de l'Eglise de Sainte Geneviéve est neuf, un Artiste habile, sur les Desseins duquel ce Monument va s'élever, M. Soufflot devoit cet exemple à nos Architectes.

* Sans parler de ce que les Maures ont fait en Espagne.

Que tout y porte l'empreinte de ce vrai beau, qui a des droits fi puiſſans ſur le cœur des hommes ſenſibles. Que tout s'y reſſente de ce caractére grave qui inſpire l'étonnement, l'admiration & le reſpect. Loin de l'intérieur des Temples, ces ornemens légers & frivoles, ces Tableaux, Ouvrage d'une imagination tendre, ces Peintures vives & riantes, adoucies par la main des Graces, ces Sujets voluptueux, enfans de la moleſſe : dorures, décorations, richeſſes faſtueuſes diſparoiſſez ; ſoyez la parure de la demeure des hommes, fuyez beautés profanes, fuyez des Temples, la ſainteté de ces lieux n'y ſouffre rien que de ſacré. Que tout enfin y décele le ſéjour de la piété, l'aſyle des Vertus, le ſanctuaire de la Religion.

Pour donner un exemple de la véritable maniere, dont la Peinture & l'Architecture doivent décorer les Egliſes : faiſons le parallele de deux Édifices de réputation, dont les éloges frappent ſi ſouvent nos oreilles ; aprécions à leur juſte valeur l'Egliſe des

E ij

Invalides & celle du Val-de-Grace. Toutes les deux renferment mille beautés, la richesse de la matiere & la délicatesse du travail ont contribué à les embellir l'une & l'autre ; cependant, qu'Elles se ressemblent peu par rapport aux effets qu'Elles font sur les Spectateurs! Dans les Invalides quelle pompe! Quel faste! Quel éclat fixe de tous côtés les regards! Partout y brille un luxe prodigue : quelle somptuosité! Quelle profusion d'ornemens! On y a employé tout ce que la Nature a de plus parfait, on y a épuisé tout ce que l'Art a de finesse. Non, la Peinture n'a point de coloris plus exquis, que celui qui couvre ces superbes lambris : partout se voyent des dorures éparses, des panneaux chargés de sculpture, des compartimens de marbres les plus recherchés.

J'entre dans l'intérieur du Val-de-Grace: une Architecture noble & simple me frappe : quelle main sçavante a décoré ces beaux Lieux? Tout me saisit, tout m'émeut, tout m'étonne :

quelle grandeur dans l'enfemble ! Quelle fageffe dans les formes ! Quelle retenue dans les acceffoires ! Quelle entente dans la diftribution des ornemens ! Que tout y caractérife excellemment le lieu où l'on doit reverer le Maître du monde ! Quelle gravité ! Quels filences ! Quels repos majeftueux ! L'Église des Invalides plus brillante, éblouit; celle du Val-de-Grace, plus fage, impofe; l'une fait naître la gaïété, l'autre infpire le refpect ; celle des Invalides reffemble à un Bâtiment profane ; celle du Val-de-Grace feroit le modéle du Temple le plus parfait, fi la Peinture n'avoit déployé fur fes Voûtes facrées, les couleurs les plus vives, & fi elle n'avoit employé le genre gracieux.

Pardonne, ô Mignard ! fi je femble défapprouver un Ouvrage qui a mérité d'être chanté dans un Poëme, par un de nos Poëtes * les plus célébres : une autre raifon plus puiffante encore m'y engage. Il me femble dé-

Des Plat-fonds peints.

* Moliere.

placé & hors de vraisemblance de figurer des Sujets * Aériens dans des Lieux qui doivent être clos & renfermés : les Ciels, les Nuages, les Vents, les Tonnerres & les Orages représentans toujours des Percés, ne devroient point y être admis.

Je condamne ici un usage, (peut-être aujourd'hui trop commun,) que l'exemple a seul autorisé : mais pour être de mon avis, que l'on considere la fausse illusion que font ces Plat-fonds peints, illusion mensongere, qui n'aura jamais de charmes pour un homme éclairé, qui examine tout avec un œil connoisseur, & qui dans l'Art même cherche la Nature & la vérité.

Entraînés par l'habitude, séduits par

* On pourra être ici d'un sentiment contraire au mien : mais il me semble que l'usage de peindre les Plat-fonds est un abus semblable à celui de mettre des Glaces sur les Cheminées ; les Plat-fonds peints & les Glaces représentent des vuides, où doivent être des plains, & font une fausse illusion.

Ces êtres végétans, moins méprisés qu'ils ne sont méprisables, les Petits-Maîtres des deux Sexes, enyvrés de leur figure & jaloux de la retrouver partout, ont sans doute mis à la mode l'un de ces abus, pour l'autre il est enfant du caprice.

le préjugé, n'allez donc pas peindre les Coupoles & les Dômes, laissez à l'Architecture le soin de leurs embellissemens. Sur-tout que les Sujets terrestres & maritimes ne s'y montrent jamais, ce seroit blesser la vraisemblance encore plus ouvertement. Un Peintre abandonné au feu de son génie, & qui ne prend des conseils que d'une imagination boüillante & capricieuse fera des Ouvrages, qui beaux par eux-mêmes, flatteront au premier coup-d'œil, mais qui appliqués sans convenance perdront infiniment à un examen réfléchi.

Que la Peinture assujettie aux régles de l'Architecture ne s'en écarte pas: qu'un Artiste décorateur ne sorte jamais des bornes que lui prescrivent ses principes, qu'il ne se flatte que d'un succès passager, s'il ne réunit la connoissance de l'Architecture aux talens pittoresques*, & si la vé- *De la vérité qu'il faut mettre dans les décorations pittoresques.*

* Il seroit à souhaiter qu'un Peintre qui se destine au genre de décoration, fît une étude particuliere de l'Architecture; de même qu'un Poëte qui s'ad-

rité de l'exécution ne se fait remarquer dans tout ce qu'il peint : la Décoration * de la Tragedie des Jésuites a plû dans sa nouveauté & plaît encore ; c'est qu'elle est exécutable & qu'elle pourroit être construite sans aucun changement.

Qu'il me soit permis de faire ici l'éloge d'un Homme ** distingué par ses talens, chez qui ces deux Arts, la Peinture & l'Architecture brillent

donneroit à la Poësie lirique, possedât la Musique ; notre satisfaction des deux côtés seroit complette.

* La Décoration théâtrale du Collége de Louis le Grand à Paris est de la composition de M. Blondel, de l'Académie Royale d'Architecture ; cet habile Artiste est assez connu par son École des Arts, établie dans cette Capitale, par son Architecture Françoise, & par ses articles de l'Encyclopédie.

** Je rends avec plaisir cette justice à M. Servandoni, ses Spectacles font les délices des gens de goût : la Nature avoit destiné cet Artiste au genre de Décoration, il devoit s'en tenir là : il ne peut se dissimuler les défauts du Portail de S. Sulpice. Premierement, un Portail si colossal pour un si petit Vaisseau ; c'est le chapeau d'un Géant sur la tête d'un Nain. Secondement, des colonnes engagées ont toujours été un vice, (ou si l'on veut,) une moindre beauté en Architecture. Troisiémement, &c. &c. au reste, il peut nous dire avec Boileau :

La Critique est aisée, & l'Art est difficile.

avec le même avantage ; c'est à la vérité, qu'il sçait donner à tous ses Ouvrages, qu'il doit l'estime que l'on fait de ses Décorations, ne s'écartant jamais de l'exécution, saisissant toujours dans la Nature les plus frappantes beautés, génie vraiement élevé, réglé par le goût le plus délicat, il joint aux charmes du pinceau, les connoissances qui font le grand Architecte.

C'est en suivant pas-à-pas les grands Modéles, c'est en marchant sur les traces des Hommes illustres, que l'on acquerra la réputation dont ils jouissent.

Toi, à qui nous devons les Philosophes du premier ordre, & les Artistes de la premiere classe, ô louable desir de se distinguer ! Que ne peux-tu pas sur ceux qui regardent comme leur récompense la plus précieuse, l'éloge qu'ils reçoivent de leurs Concitoyens ?

De quelle utilité, noble émulation, n'es-tu pas au progrès des Arts ? C'est toi qui fais entrer les jeunes Artistes dans la lice, tu leur fais courir à l'envi la brillante carriére de l'immortalité : c'est toi qui fais naître dans l'esprit des Éleves le desir de surpasser leurs Émules, tu échauffes leur imagination, tu soutiens, tu animes leurs travaux, tu leur fais voir dans leurs Maîtres des rivaux qu'ils s'efforcent d'égaler.

Génies heureux, enfans chéris d'Apollon, vous à qui il a transmis une partie de son feu, hâtez-vous de toucher le but, une couronne vous attends ; les Déesses qui président aux Arts que vous cultivez, vous préparent une place distinguée au Temple de Mémoire ; puissiez-vous, encouragés par l'accueil favorable que reçoivent les productions de nos Artistes, en faire éclôre un jour de semblables ; puissiez-vous, animés par l'exemple de ces Hommes célébres, vous modeler sur eux & devenir leurs imitateurs ; heureux si l'amour de la gloire est le seul aiguillon de votre zéle ;

heureux, dis-je, si des soins assidus, des travaux constans vous enrichissent de ces rares Talens, toujours suivis des applaudissemens du Public éclairé, toujours couronnés du suffrage unanime des véritables Connoisseurs.

F I N.

TABLE DES MATIERES.

Premiere Partie. *Abregé historique de la Peinture & de l'Architecture,* Page 1

Seconde Partie. *Des avantages de la Peinture, de son application à l'Architecture, de la maniere dont ces deux Arts doivent décorer les Temples ; des Plat-fonds peints : de la vérité qu'il faut mettre dans les décorations pittoresques.* 32

Fin de la Table.

APPROBATION.

J'AI lû, par l'ordre de Monseigneur le Chancelier, & approuvé un manuscrit, qui a pour titre, *Discours sur la Peinture & sur l'Architecture*, par M. DU PERRON. A Paris ce 12 Juin 1757.

LA CHAPELLE, Membre de la Société Royale de Londres.

PRIVILEGE DU ROI.

LOUIS, PAR LA GRACE DE DIEU, ROI DE FRANCE ET DE NAVARRE: A nos amés & féaux Conseillers, les gens tenans nos Cours de Parlemens, Maîtres des Requestes ordinaires de notre Hôtel, Grand Conseil, Prévôt de Paris, Baillifs, Sénéchaux, leurs Lieutenans Civils & autres nos Justiciers. SALUT, Notre amé le Sieur DU PERRON, Nous a fait exposer qu'il desireroit faire imprimer & donner au Public, un Ouvrage, qui a pour Titre, DISCOURS SUR LA PEINTURE ET SUR L'ARCHITECTURE. S'il nous plaisoit lui accorder nos Lettres de Permission pour ce nécessaires: A CES CAUSES, voulant favorablement traiter l'Exposant, Nous lui avons permis & permettons par ces Présentes, de faire imprimer ledit Ouvrage autant de fois que bon lui semblera, & de le faire vendre & débiter partout notre Royaume, pendant le tems de trois années consécutives, à compter du jour de la date des Présentes; Faisons défenses à tous Imprimeurs, Libraires & autres Personnes, de quelque qualité & condition qu'elles soient d'en introduire d'impression étrangere dans aucun lieu de notre obéissance ; à la charge que ces Présentes seront enregistrées tout au long sur le Registre de la Communauté des Imprimeurs & Libraires de Paris, dans trois mois de la date d'icelles, que l'impression dudit Ouvrage sera faite dans notre Royaume & non ailleurs, en bon Papier & beaux Caractéres, conformément à la feuille imprimée, attachée pour modéle, sous le contrescel des Présentes, que l'Impétrant se conformera en tout aux Réglemens de la Librairie, & notamment à celui du 10 Avril 1725, qu'avant de l'exposer en vente, le Manuscrit qui aura servi de copie à l'impression dudit Ouvrage, sera remis dans le même état où l'Approbation y aura été donnée, ès mains de notre très-cher & féal Chevalier, Chancelier de France, le Sieur de la Moignon, & qu'il en sera ensuite remis deux Exemplaires dans notre Bibliothéque publique, un dans celle de notre Château du Louvre, & un dans celle de notredit trèscher & féal Chevalier, Chancelier de France, ledit Sieur de la Moignon, le tout à peine de nullité des Présentes ; du contenu desquelles vous mandons & enjoignons de faire jouir ledit Exposant & ses ayans causes, pleinement & paisiblement, sans souffrir qu'il leur soit fait aucun trouble ou empêchement. Voulons qu'à la copie des Présentes, qui sera imprimée tout au long, au commencement ou à la fin dudit Ouvrage, foi soit ajoûtée comme à l'Original : Commandons au premier notre Huissier ou Sergent sur ce requis, de faire pour l'exécution d'icelles tous Actes requis & nécessaires, sans demander autre permission, & nonobstant clameur de Haro, Charte Normande & Lettres à ce contraires. CAR tel est notre plaisir. DONNÉ à Compiégne, le vingt-neuviéme jour du mois de Juillet, l'an de Grace mil sept cens cinquante-sept, & de notre Régne le quarante-deuxiéme. Par le Roi en son Conseil.

Signé, LE BEGUE.

Regiſtré ſur le Regiſtre 14 de la Chambre Royale des Libraires & Imprimeurs de Paris, N°. 215, fol. 195, conformément au Réglement de 1723, qui fait défenſes, Art. IV. à toutes perſonnes, de quelques qualités & conditions qu'elles ſoient, autres que les Libraires & Imprimeurs, de vendre, débiter & faire afficher aucuns Livres, pour les vendre en leurs noms, ſoit qu'ils s'en diſent les Auteurs ou autrement; & à la charge de fournir à la ſuſdite Chambre neuf Exemplaire preſcrits par l'Art. CVIII. du même Réglement. A Paris, le 30 Aouſt 1757.

Signé, P. G. LE MERCIER, Syndic.

www.ingramcontent.com/pod-product-compliance
Lightning Source LLC
Chambersburg PA
CBHW070204230526
45471CB00002B/812